사랑은×곱하기

|

이규석 엮음

추천사

자연과 동료 인간 안에 깃들어 계시는 하느님을 찾아 언제나 분주히 살아가시는 영원한 문학소년 이규석 루카 작가님의 묵상 시집 발간을 진심으로 축하드립니다.

쉽고도 의미 충만한 묵상시 한 편 한 편에는 작가님의 삶과 신앙, 세상과 이웃을 향한 진솔한 마음과 따뜻한 사랑이 가득 담겨있어 참 좋습니다. 세상만사 안에 늘 현존하고 계시는 하느님의 자취를 찾는 노력(Finding God in All Thing)이 돋보입니다.

평신도로서 큰 용기를 내셔서 묵상 시집을 내신 것에 대해서도 큰 박수를 보냅니다. 평신도 영성과 관련해서 한국 천주교회는 참으로 특별한 사례가 아닐 수 없습니다. 세계 교회사 안에서 유례가 없을 정도로 초창기 한국 천주교회 평신도들의 신앙은 그렇게 적극적이었고 자발적이었습니다.

그런데 재미있는 현상이 한 가지 있습니다. 그토록 능동적이었던 박해시대 평신도들의 역할이 교계제도가 확립되어가면서 점점 수동적으로 변화되어 갔다는 것입니다. 그렇게 초기 교회의 탁월했던 평신도들의 영성이었는데, 성직자들의 역할이 강화되어 가면서 점차 힘을 잃어갔다는 것입니다.

교회 역사 안에서 평신도의 신원에 대한 불투명한 이해와 불충분한 개념 정립은 평신도 자신들에게 뿐만 아니라 교회 공동체에 불이익과 손실을 초래했다고 해도 과언이 아닙니다. 평신도 영성의 쇠락은 교회의 퇴보와 늘 직결되어 있다는 사실을 간과해서는 안 될 것입니다.

 오늘날 우리 교회에 맡겨진 중요한 과제 가운데 하나가 평신도 영성을 활성화시키는 일입니다. 평신도들 안에 활동하시는 성령의 역사를 주의 깊게 바라보고, 평신도들이 지닌 카리스마와 창의력을 존중하고 교회 쇄신과 발전을 위해 최대한 활용해야 합니다.

 평신도는 성직자나 수도자 못지않게 그리스도인으로서 자신의 독특한 영성을 지닙니다. 평신도 영성은 세상으로부터 벗어나거나 도피하는 삶의 모습이 아니고 오히려 그 구조들 안에서 육화하여 복음화하며, 그 안에 믿음과 소망과 사랑으로 다른 이들을 성화하고 또한 성화되는 삶의 모습입니다.

 다시 한 번 묵상 시집 발간을 진심으로 축하드립니다.

                          살레시오회 양승국 스테파노 신부

엮은이의 말

이 책을 쓰면서
거룩한 말씀을 저 같은 사람의 부족한 글로 써도 되는지
몰라 걱정했습니다.
한편으로는 누구나 쉽게 접하여, 보다 많은 사람이 읽으면
좋겠다는 생각도 했습니다.

신부님은 강론 말씀에서 하나라도 더 가르쳐 주고 싶으신
마음에
"지난주 복음 기억나지요?" 하십니다.
"기억나시는 분 손들어 보세요!" 라고 말씀하시면 어떡하
지?
까맣게 잊어버렸는데…….

바로 지난 주의 복음 말씀이 이렇게도 생각이 안 날까? 하
고 답답해한 적이 한두 번이 아니었습니다.
노트에 받아 적어도 보고 때로는 녹음도 해 보았지만 말씀
을 따라 적기에도 녹취하는 데도 신부님 말씀의 속도를 따
라가기 어려웠습니다.

결과적으로 듣는 것보다 자주 읽고 쓰는 것이 좋다는 것을 알았습니다. 지식이나 논리적으로 쓰지 못하고 가슴에 들어있는 것들만 찾아 말씀들을 모으고 기억을 더듬어 책을 내게 되었습니다.
부디 넉넉한 마음으로 가끔 이 말씀들을 꺼내 봐 주시면 감사할 따름입니다.

임인년 초하루 이규석(루카)

이 책을 읽으시는 분들께

· 해당 주일에 독서, 복음, 신부님 강론 말씀을 종합하여 우리가 잘 알고 있는 쉬운 성경 말씀으로 인용했습니다.

· 해당 주일에 복음은 찾아볼 수 있게 표시해 놓았습니다.

· 누구라도 성경 말씀을 쉽고 재미있게 읽어 볼 수 있도록 노력했습니다.

· 최대한 시詩적으로 표현하려고 했습니다.

· 수록한 사진은 한국순교성지 52곳을 직접 촬영했습니다.

차례

사랑은×곱하기

아기 이름을 예수라고 하였다

천주의 성모 마리아 대축일
1. 1.
루카 2.16-21

젊어서부터 남편과 결혼생활이 팍팍했던 할머니가 계셨다.

젊은 시절은 온통 가시밭길이었다.

신혼 초부터 바깥으로만 맴돌던 남편은 얼마 지나지 않아 일 년에 몇 번만 얼굴을 비치더니 급기야 소식조차 알 길이 없었다.

그리고는 끝이었다. 행방을 알 길이 없었다.

생과부가 된 할머니는 일찍부터 가족 생계를 책임져야 했다.

자식 교육도 늙으신 시부모 봉양도 혼자의 몫이다.

할머니는 오랜 세월을 강인한 생활력으로 묵묵히 견뎠다.

다행히 자식들은 잘 자라 주었고, 그제서야 좀 여유 있게 살만해진 어느 날 세상을 떴으려니 생각했던 남편이 나타났다.

거지도 그런 상거지가 없었다.
하지만 착한 심성이 어디 갈까?

그러나 부인은 용서하고자 수천 번 다짐해도 얼굴만
보면 혈압이 오르고 심장 박동이 빨라졌다. 그러던 어
느 날 친구를 찾아가 조언을 구했다.
친구는 이렇게 대답하는 것이었다.

"어렵겠지만 영감님이 집에 왔다고 생각하지 말고,
늙고 병든 예수님, 추위에 떨고 있는 배고픈 아기 예수
님이 찾아오셨다고 생각해봐요."

그 보석 같은 한마디에 크게 깨달음을 얻은 할머니.
천주 성모마리아 대축일, 산골 소녀 마리아의 향기를
느낀다. ✝

남양 성모 순교성지

우리는 동방에서 임금님께 경배하러 왔습니다

주님 공현 대축일
1. 3.
마태오 2,1-12

아기 예수님의 탄생은 우리에게 또 다른 떠남을 요구한다. 주님 공현 대축일에 예수님께서 당신의 모습을 유다인들이 아닌 이방인인 동방박사들에게 드러내 보인 것은 참으로 의미 있는 일이다.

구세주 하느님의 육화 사건은 유다인들 뿐만 아니라 세상 끝까지 전해져야할 보편적인 일인 것이다.

성탄절 주님 공현 대축일에 우리들의 시선을 끄는 특별한 인물들이 동방박사들이다. 구세주의 별빛을 따라 오랜 여행을 마다하지 않았던 동방박사들이 아기 예수님 앞에 엎드려 가져온 선물을 봉헌하였다.

모든 왕 중의 왕 앞에 합당한 예물을 드리니 하느님께서 크게 기뻐하실 일이다. ▐

✝

--   --

너는 내가 사랑하는 아들
내 마음에 드는 아들이다

주님 세례 축일
1. 10.
마르코 1,7-11

예수님께서는 당신 자신을 정화하는 예식이 필요했던 것이 아니라 물을 거룩하게 하기 위하여 세례를 받으셨다.

우리가 꽤나 궁금했던 부분이 예수님의 세례다.
주님 세례 사건은 어떻게 이해해야 할까?

베들레헴 마구간 탄생 때부터 골고다 산에서의 십자가 죽음에 이르기까지 한평생 예수님께서 보여주신 극단적 낮춤과 한없는 겸손.

하느님 아버지에 대한 철저한 순명의 틀 안에서 주님 세례 사건을 바라봐야할 것이다.

예수님은 하느님의 외아들 예수 그리스도이시다.
요르단강을 찾아갈 필요가 없었음에도
예수님께서는 세상의 물속으로 들어가심을 통해
부패한 인간 본성을 회복시켜 주셨다.

예수님께서 묵으시는 곳을 보고 그분과 함께 묵었다

연중 제 2 주일
1. 17.
요한 1,35-42

매순간 모든 사건과 만남 앞에서 아멘!

Yes! Fiat! 이라고 외치는 일은 아주 훌륭한 기도이다.

예수님께서 지나가시는 모습을 발견한 세례자 요한은 감격과 감사로 가득 찬 떨리는 목소리로 제자들을 향해 크게 외친다.

보라! 하느님의 어린 양이시다.

자! 이제 그토록 고대하던 때가 되었다.

나와 너희와의 관계는 여기까지이다.

이제 나를 떠날 때가 왔다.

나를 넘어설 때가 왔다.

나보다 훨씬 더 크신 분, 저분을 따라 가거라!

자신의 정체성에 대한 명확한 이해를 바탕으로 한 세례자 요한의 철저한 겸손이 돋보인다. ▐

회계하고 복음을 믿어라

연중 제 3 주일
1. 24.
마르코 1.14-20

인간관계 때문에 힘들어하시는 분들이 많다.
가족이나 동료, 연인, 친구 등 가장 가까운 사람들
가장 사랑했던 사람들과의 틀어진 관계로 인해
괴로워하고 몸부림치는 사람들 말이다.

퇴직해서 매일 집에 계시는 영감님들 때문에 상습 편
두통에 시달리는 할머니들을 위해 드리는 말씀이
"영감님이 안 계신다 생각하고 한 번 살아보시라."는
것이다.
그나마 영감님이 계셔서 마음 든든한 부분도 있을 것
이다.

바오로 사도께서도 관계가 힘든 부부를 대상으로 신
앙 상담을 많이 해주셨다는 사실을 2 독서에서 찾아볼
수 있다. ✝

너희 마음을 무디게 하지 마라

연중 제 4 주일
1. 31.
코린도 7.32-35

바오로 사도 서간 중에 흥미진진한 서간은 코린도 서간이다.

기원전 천 년 전쯤 시작된 코린도는 상업과 문화의 중심지로서 다사다난한 역사와 함께 폐허와 재건이 반복되던 도시다.

다인종 다종교가 혼합된 개방적 도시로서 도덕적 윤리적 타락도 심각했다.

우상을 숭배하는 이교도들이 판치고 음란과 환락이 만연하던 거대 도시가 코린토였다.

이런 상황의 도시를 바오로 사도가 그냥 지나치지 못했을 것이다.

회개와 복음화를 위해 혼신의 힘을 기울였던 흔적이 코린도 서간에 생생하게 전해진다.

질책과 경고 때로는

다정한 위로와 격려도 아끼지 않았다. ▮

갈매못 순교성지

제 눈이 주님의 구원을 보았다

주님 봉헌 축일
2. 2.
루카 2,22-40

한 수도자의 삶은 하느님 나라를 증거하는 표지이다.
프란치스코 교황님께서 케냐 방문 기간 동안 가졌던
성직자, 수도자들과의 만남 때 하신 말씀이다.

"우는 것을 멈추지 마십시오."

한 사제, 한 수사, 한 수녀의 눈물이 마를 때 제대로
작동하지 않는 것이 있다.

자신의 불충분 때문에
세상의 고통 때문에
내쳐지는 사람들 때문에
버려진 노인들, 살해된 아이들 때문에 우십시오.

기도하는 것을 멈추지 마십시오.
기도를 버리지 마십시오.
힘들어하는 거기에 머물러 있으십시오.

주님 봉헌 축일, 스스로에게 여러 가지 질문을 던지게
된다. ✝

주님을 찬미하여라

욥이 말하였다.

 인생은 땅 위에서의 고역이요,
 그 나날은 날품팔이의 나날과 같지 않은가?
 그늘을 애타게 바라는 종, 삯을 고대하는 품팔이꾼과
같지 않은가?
 나는 고통스러워 새벽까지 뒤척거리기만 한다네.
 예수님께서는 갖가지 질병을 앓는 많은 사람을 고쳐
주셨다.

 주님은 마음이 부서진 이를 고쳐주신다.
 내가 복음을 선포해야한다.

 사실 나는 그 일을 하려고 떠나온 것이다.
 다른 이웃 고을들을 찾아가자.

 회당에서 마귀를 쫓아내셨다.
 가장 중요한 복음을 선포하셨다. ▐

주님은 마음이 부서진 이를 고쳐 주신다

연중 제 6 주일
2. 14.
마르코 1.40-45

부정한 사람은 진영 밖에 혼자 살아야한다.
내가 그리스도를 본받는 것처럼 여러분도 나를 본받는 사람이 되십시오.

어떤 나병환자가 무릎을 꿇고 예수님께 도움을 청하였다.
예수님이 말씀하시기를

내가 하고자 하니 깨끗하게 되어라.
그러자 병이 낫고 그가 깨끗하게 되었다.

주님을 찬미하여라.
다른 이웃 고을들을 찾아가자.

그곳에도 내가 복음을 선포해야 한다.
사실 나는 그 일을 하려고 떠나온 것이다.

때가 되어 하느님의 나라가 가까이 왔다

사순 제 1 주일
2. 21.
마르코 1.12-15

홍수에서 구원된 노아와 맺은 하느님의 계약,
이제는 세례가 여러분을 구원한다.

예수님께서는 광야에서
40일 동안 사탄에게 유혹을 받으셨다.

들짐승들과 함께 지내셨다.
그때 천사들이 그분의 시중을 들었다.

때가 되어 하느님의 나라가 가까이 왔다.
회개하고 복음을 믿어라.

당신의 계약을 지키는 이들에게
당신의 모든 길은 자애와 진실이옵니다. ✝

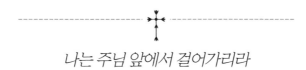

나는 주님 앞에서 걸어가리라

하느님께서는 성조 아브라함을 시험하신다.
너의 아들, 네가 사랑하는 외아들 이사악을 나에게 번
제물로 바쳐라.

우리 성조 아브라함은 그곳에 재단을 쌓고 장작을 얹
어 놓았다.
아브라함이 손을 뻗어 칼을 잡고 자기 아들을 죽이려
하였다.

그때 주님의 천사가 하늘에서 그를 불렀다.

"아브라함아, 아브라함아!"

"예, 여기 있습니다."

"그 아이에게 손대지 마라!
너의 외아들까지 나를 위하여 아끼지 않았으니
네가 하느님을 경외하는지 이제 내가 알았다."

주님 당신은 영원한 생명의 말씀이나이다

사순 제 3 주일
3. 7.
요한 2.13-25

아버지와 어머니를 공경하여라.

그러면 너는 주 너의 하느님이

너에게 주는 땅에서 오래 살게 될 것이다.

살인해서는 안 된다.

간음해서는 안 된다.

도둑질해서는 안 된다.

이웃의 집을 탐내서는 안 된다.

이웃에게 불리한 증언을 해서는 안 된다.

이웃의 남종이나 여종, 소, 나귀 할 것 없이

이웃의 소유는 무엇이든 탐내서는 안 된다. ▐

하느님은 영원한 생명을 얻게 하셨다

사순 제 4 주일
3. 14.
요한 3.14-21

이스라엘 백성의 유배와 해방으로
주님의 분노와 자비가 드러났다.

잘못을 저질러 죽었던 여러분은
은총으로 구원을 받았다.

하느님께서는
세상을 너무 사랑하시는 나머지
외아들을 내주시어

그를 믿는 사람은
누구나 멸망하지 않고
영원한 생명을 얻게 하셨다.

하느님은 세상이 아들을 통하여
구원을 받게 하시려는 것이다. ▌

하느님 저희 마음을 깨끗이 만드소서

사순 제 5 주일
3. 21.
요한 12,20-33

밀알 하나가 땅에 떨어져
죽지 않으면 한 알 그대로 남고
죽으면 많은 열매를 맺는다.

예수님은
나는 새 계약을 맺고 죄를 기억하지 않겠다.
순종을 배우셨고 영원한 구원의 근원이 되셨다.

십자가를 지는 일은 가장 중요한
시간의 일이어야 한다.

예수님은 아버지께
이 순간을 벗어나게 해달라고 말하고 싶어 했을 정도로
십자가를 지는 일은 어려운 일이다. ▐

하느님의 나라가 왔다

호산나!

주님의 이름으로 오시는 분은 복되어라.

다가오는 우리 조상 다윗의 나라는 복되어라.

지극히 높은 곳에 호산나!

나는 모욕을 받지 않으려고 얼굴을 가리지도 않았다.

나는 부끄러운 일을 당하지 않을 것임을 안다.

그리스도께서는 당신 자신을 낮추셨다.

하느님께서는 그분을 드높이 올리셨다.

주 예수그리스도의 수난의 시작

하느님, 저의 하느님

어찌하여 저를 버리셨나이까?

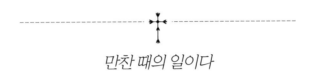

만찬 때의 일이다

주님 만찬 성 목요일
4. 1.
요한 13.1–15

먹고 마실 적마다 주님의 죽음을 전하는 것이다.
예수님께서는 당신의 사람들을 끝까지 사랑하셨다.

만찬 때에 이미
악마가 시몬 이스카리옷의 아들 유다의 마음속에
예수님을 팔아넘길 생각을 불어넣었다.

식탁에서 일어나시어 겉옷을 벗으시고
수건을 허리에 두르셨다.

그리고 대야에 물을 부어 제자들의 발을 씻어 주시고
허리에 두른 수건으로 닦기 시작하셨다.

시몬 베드로가 제 발은 씻지 못하십니다.
예수님께서는 내가 너를 씻어 주지 않으면
너와 나와 함께 아무런 몫도 나누어 받지 못한다.

그러자 시몬 베드로가 주님 제 발만 아니라

손과 머리도 씻어주십시오, 하였다.

이렇게 제자들에게 본을 보여 주셨다. ✝

구산 순교성지

우리 주 예수그리스도의 수난

주님 수난 성 금요일
4. 2.
요한 18,1-19

예수님의 제자들 가운데 두 배반자의 명암이
극명하게 비교 대조되고 있다.

한 제자는 배신의 죄책감에 따른 비참한 자결로 인해
인류 역사 안에 세세대대로 부끄럽고 수치스런 이름
을 남겼다.

또 다른 제자는 절절한 회개를 통해 참 제자로 거듭
났으며
그를 통해 역사 안에 영원히 존경받는 수제자로 이름
을 남겼다.

유다는 스스로를 용서 받지 못할 죄인으로 단죄해버
렸다.
가장 큰 실수를 범한 것이다.

베드로는 비참하고 부끄러워 얼굴을 들 수 없었지만
영원불변의 진리 한 가지를 늘 가슴에 품고 있었다.

스승님은 죄인의 회개를 가장 기뻐하신다는 사실을
굳게 믿고 있었다는 것이 두 사람의 큰 차이이다.

예수님의 무덤가에 도착했을 때 이미 무덤의 문이 열
려 있었다.
세 여인이 서둘러 무덤 안으로 들어가는 순간 혼비백
산했다.

웬 젊은이가 하얗고 긴 겉옷을 입고 무덤 속에 앉아
놀라지 마라!
십자가에 못 박히신 너희 나자렛 사람, 예수님을 찾고
있지만
그분께서는 되살아나셨다.
흰옷을 입은 천사가 일러 주셨다. ▌

김범우 순교성지

빈 무덤 앞에 세 여인

성 토요일 주님 부활 대축일 파스카 성야
4. 3.
마르코 16,1-7

이른 새벽에 세 여인 마리아 막달레나와 야고보의 어
머니 마리아와 살로메도저.
동이 트기 전, 아마도 세 여인은 예수님을 여읜 슬픔
에 뜬눈으로 밤을 보냈을 것이다.

여명이 밝아오자 기다렸다는 듯이
예수님의 무덤을 향해 내달렸을 것이다.

사랑은 두려움을 이겨냅니다. 그토록 많은 사랑을 주
셨던 예수님
모든 것을 다 바쳐서 목숨까지 걸고 사랑했던 예수님
께서
비참한 모습으로 세상을 떠나시다니 믿기지 않았다.

자신에게 참사랑을 일깨워 주신 분,
새 삶을 선물로 주신
예수님을 위해 할 수 있는 일이 무엇일까?

여인들은 예수님을 위해 서둘러 최고급 수의와 향유를 들고 갔다.

너무 황당하고 경황이 없었던 어제였기에 다시금 차분하고 꼼꼼하게

예수님의 시신을 수습하기 위해 새벽에 무덤을 향해 달려갔던 것이다.

예수님의 부활은 예수님의 죽음이 단순한 죽음이 아니요,

다른 생명을 선포하는 것이다.

예수님의 부활로 인해 죽음은 패배했다. 이제 죽음은 죽음이 아니요,

영원한 생명으로 건너가는 다리가 되었다. ✝

당고개 순교성지

예수님께서 참으로 부활하셨도다

주님 부활 대축일
4. 4.
요한 20.1-9

밖에 나가보니 벚꽃 축제가 막을 내리고 있었다.
엊그제만 해도 화려하게 만개했던 꽃잎들이
속절없이 떨어져 내리고 있었다.

차도며 인도며 온통 꽃비가 내려 쌓였다.
사람들은 아쉬운 마음을 카메라에 담고 있었다.

이렇게 꽃이 지는구나.
또 한 번의 봄날은 가는구나.

꽃잎이 떠나간 자리에 연초록빛 나뭇잎들이
앞다투어 자리하고 있었다.
놀라운 생명의 신비가 아닐 수 없다.

꽃잎이 끝까지 자기 자리를 차지하고 있다면
잎들이 어떻게 성장할 수 있을까?
나무는 또 어떻게 생명을 유지할 수 있을까?

죽음이 죽음으로 끝나는 것이 아니라는 것
죽음은 또 다른 생명의 출발이다.
대자연의 순환 속에 아로새겨진다. █

대흥 봉수산 순교성지

너희는 온 세상에 가서 복음을 선포하여라

부활 팔 일 축제 토요일
4. 10.
사도행전 4.13-21

사도행전은 신약성경의 다섯 번째 책으로 초대교회 공동체의 생활상과 사도들의 행적에 대해서 소상히 파악할 수 있는 소중한 책이다.

신약성경 가운데 유일한 역사서로서 예수님께서 선포하신 복음이 어떻게 만방에 전파되고 지속되는지를 잘 소개하고 있다.

사도행전의 저자는 바오로 사도의 협력자이자 제3복음서의 저자인 루카라고 알려져 있다.

베드로 사도와 요한 사도에 대한 루카 복음사가의 기록이 참으로 흥미롭다.

그 무렵 유다 지도자들, 원로들과 율법 학자들은 베드로와 요한의 담대함을 보고 또 이들이 무식하고 평범한 사람임을 알아차리고 놀라워하였다.

그러나 루카 복음사가는 그 어떤 가감도 없이 솔직하게 두 사람의 출신 배경을 소개한다.

무식하고 평범한 사람이었던 베드로와 요한 사도는
예수님과의 만남을 통해 지혜와 경륜이 충만한 사람으
로 거듭나게 된다.

당대 당당한 율법학자들과의 토론에서도 밀리지 않는
탁월한 언변을 지니게 되었다. ▮

명동주교좌성당 순교성지

하느님 자비 주일

하느님 자비 주일
4. 11.
요한 20,19-31

여드레 뒤에 제자들이 다시 집안에 모여 있었다.

문이 다 잠겨 있었는데도 예수님께서 오시어 가운데
서시며

"평화가 너희와 함께" 라고 말씀하셨다.

그리고 나서 토마스에게 이르셨다.

네 손가락을 여기 대보고 내 손을 보아라. 네 손을 뻗
어 내 옆구리에 넣어 보아라. 그리고 의심을 버리고 믿
어라

토마스가 예수님께 대답하였다.

"저의 주님, 저의 하느님!"

그러자 예수님께서 토마스에게

"너는 나를 보고서야 믿느냐? 보지 않고도 믿는 사람
은 행복하다."

우리들의 나약한 신앙을 굳게 하시려고, 흔들리는 우

리의 믿음을 붙들어 주시려고 당신께서 하실 수 있는
모든 방법을 다 동원하시는 부활 예수님이십니다.

 진정으로 부활을 믿고, 느끼며 살고 싶습니까?
 그렇다면 방법은 단 한 가지 뿐입니다.

 사랑하십시오. 부활하게 될 것입니다.
 사랑하십시오. 부활을 체험하게 될 것입니다.
 사랑하십시오. 매일이 부활일 것입니다. ✝

명동주교좌성당 순교성지

성경에 기록된 대로 그리스도는
고난을 겪고 사흘 만에
죽은 이들 가운데서 다시 살아나야 한다

부활 제 3 주일
4. 18.
루카 24.35–48

예수님의 제자들은 길에서 겪은 일과 빵을 떼 내실 때에 그분을 알아보게 된 일을 이야기해 주었다.

그들이 이러한 이야기를 하고 있을 때 예수님께서 그들 가운데 서시어
"평화가 너희와 함께" 하고 그들에게 말씀하셨다.

그들은 너무나 무섭고 두려워 유령을 보는 줄로 생각하였다.
예수님께서 그들에게 이르셨다.

왜 놀라느냐? 어찌하여 너희 마음에 여러 가지 의혹이 이느냐?
내 손과 발을 보아라.

바로 나다, 나를 만져 보아라.
유령은 살과 뼈가 없지만 나는 너희가 보다시피 살과 뼈가 있다.

그들에게 손과 발을 보여 주셨다.
여기에 먹을 것이 좀 있느냐?

그들이 구운 물고기 한 토막을 드리자
예수님께서는 그것을 받아 그들 앞에서 잡수셨다. ▊

미리내 순교성지

착한 목자는 양들을 위하여
자기 목숨을 내놓는다

부활 제 4 주일
4. 25.
요한 10,11-18

나는 착한 목자다.
착한 목자는 양들을 위하여 자기 목숨을 내놓는다.

삯군은 목자가 아니고 양도 자기 것이 아니기 때문에
이리가 오는 것을 보면 양들을 버리고 달아난다.

그는 삯군이어서 양들에게 관심이 없기 때문이다.
나는 착한 목자다.

나는 내 양들을 알고 내 양들은 나를 안다. 이는 아버
지께서 나를 아시고 내가 아버지를 아는 것과 같다.

나는 양들을 위하여 목숨을 내놓는다.
그러나 나에게는 이 우리 안에 들지 않은 양들도 있
다.
나는 그들도 데려와야 한다.

그들도 내 목소리를 알아듣고

마침내 한 목자 아래 하나의 양 떼가 될 것이다.

아버지께서는 내가 목숨을 내놓기 때문에
나를 사랑하신다.

배티 순교성지

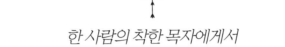

한 사람의 착한 목자에게서
또 다른 착한 목자가 탄생합니다

성소 주일
4. 25.
요한 10.11-18

1945년 6월 어느 날이었습니다.
아무것도 없던 시절, 당장 먹고 살길이 막막했던
소년 시리에다 마사유끼는 건축 중이던 수도원에
대못을 훔치러 들어갔습니다.
당시 반짝반짝 빛나는 멋진 대못은 꽤 고가로 팔 수
있었습니다.

몰래 창고로 들어간 시리에다 마사유끼가 황급히 보
따리에 대못을 집어넣고 있는데 갑자기 검은 수단을
입은 외국인이 나타났습니다.
나중에 알게 된 그 신부님의 이름은 이탈리아 출신 보
비오 신부님이었습니다.

이제 난 죽었구나. 난 이제 소년 교도소 직행이로구
나,하고 벌벌 떨고 있는데 보비오 신부님은 화를 내지
도, 때리지도 않으셨습니다.
그저 어정쩡한 자세로 들고 있던 보따리를 달라고 하
시더니, 허리를 굽혀 못을 가득 채워주셨습니다.

묵직한 보따리를 소년의 손에 들려준 신부님께서는 수도원 대문까지 배웅을 해주시며 "못이 부족하면 또 오너라!"

그날 밤 시리에다 마사유끼는 단 한순간도 잠을 이룰 수 없었습니다.
보비오 신부님께서 자신에게 한 행동을 상기하며, 어떻게 그럴 수 있는가 반문에 반문을 거듭했습니다. 하얗게 밤을 지새운 그는 10리가 넘는 수도원으로 달려갔습니다.

보비오 신부님을 발견한 시리에다 마사유끼는 그분 앞에 털썩 무릎을 꿇고 이렇게 말했습니다.

신부님, 사실 제 장래 희망은 육군 대장이었습니다.
그러나 저는 지금 희망을 포기했습니다.
저는 신부님처럼 되고 싶습니다. 방법을 가르쳐 주십시오.

성소 주일에 오늘 복음 역시 착한 목자에 대해서 이야기하고 있습니다.

교회 역사 안에 얼마나 많은 착한 목자들이 자신의 양 떼를 어루만지고 위로해 주었는지 모릅니다.

자신에게 맡겨진 양들의 큰 부족함이나 나약함 앞에서도 너그러운 마음으로 껄껄 웃으며 용서해줄 수 있는 착한 목자, 하느님의 자비와 사랑을 강조하는 착한 목자를 필요로 합니다.

착한 목자 보비오 신부님의 사랑과 배려에 힘입어 시리에다 마사유끼는 또 다른 착한 목자로 거듭났습니다.

그의 한평생은 보비오 신부님의 판박이였습니다.

한 사람의 착한 목자에게서 또 다른 착한 목자가 탄생합니다. ✝

나는 포도나무요, 너희는 가지다.
내 안에 머무르고
나도 그 안에 머무르는 사람은
많은 열매를 맺는다

부활 제 5 주일
5. 2.
요한 15.1-8

나는 참 포도나무요, 나의 아버지는 농부이시다.

나에게 붙어 있으면서 열매를 맺지 않는 가지는
아버지께서 다 쳐내시고 열매를 맺는 가지는
모두 깨끗이 손질하시어
더 많은 열매를 맺게 하신다.

너희는 내가 너희에게 한 말로 이미 깨끗하게 되었다.
내 안에 머물러라, 나도 너희 안에 머무르겠다.

가지가 포도나무에 붙어 있지 않으면 스스로
열매를 맺을 수 없는 것처럼

너희도 내 안에 머무르지 않으면 열매를 맺지 못한다.
너희는 나 없이 아무것도 하지 못한다. ✝

친구를 위하여 목숨을 내놓는 것보다
더 큰 사랑은 없다

부활 제 6 주일
5. 9.
요한 15,9-17

아버지께서 나를 사랑하신 것처럼 나도 너희를 사랑하였다.

너희는 내 사랑 안에 머물러라.

내가 내 아버지의 계명을 지켜 그분의 사랑 안에 머무르는 것처럼,

너희도 내 계명을 지키면 내 사랑 안에 머무를 것이다.

이것이 나의 계명이다.

내가 너희를 사랑한 것처럼 너희도 서로 사랑하여라.

친구를 위하여 목숨을 내놓는 것보다 더 큰 사랑은 없다.

내가 너희에게 명령하는 것을 실천하면 너희는 나의 친구가 된다.

"나는 너희를 더 이상 종이라고 부르지 않는다."

종은 주인이 하는 일을 모르기 때문이다. 나는 너희를 친구라고 불렀다.

내가 내 아버지에게서 들은 것을 너희에게 모두 알려 주었기 때문이다. ✝

관덕정 순교성지

그리스도는 죄를 없애시려고
단 한 번 제물을 바치시고
영원히 하느님 오른쪽에 앉으셨다

"세상 사람들아, 하느님께 노래하여라."
주님을 찬송하여라.

하늘로, 태초의 하늘로 오르신다.
그분의 존엄과 권능은 구름 위에 있네.

하느님 아드님께서 오늘 사도들이 보는 앞에서
하늘로 오르시니 아드님의 약속대로 이 세상에서는

아드님께서 언제나 저희와 함께 계시고 하늘에서는
저희가 아드님과 함께 영원히 살게 하소서. ✝

✝

예수님께서 승천하시어
하느님 오른편에 앉으셨다

주님 승천 대축일
5. 16.
마르코 16,15-20

예수님께서 열한 명 제자에게 각각 나타나시어
그들에게 이르셨다.

너희는 온 세상에 가서
모든 피조물에게 복음을 선포하여라.

믿고 세례를 받는 이는 구원을 받고
믿지 않는 자는 단죄를 받을 것이다.

제자들은 떠나가서 곳곳에 복음을 선포하였다.
주님께서는 그들과 함께 일하시면서

표징들이 뒤따르게 하시어,
그들이 전하는 말씀을 확증해 주셨다. ✝

생수의 강들이 흘러나올 것이다

성령강림 대축일 전야
5. 22.
요한 7.37-39

축제의 가장 중요한 날인 마지막 날에 예수님께서는
일어나시어 큰 소리로 말씀하셨다.

목마른 사람은 다 나에게 와서 마셔라.
나를 믿는 사람은 성경 말씀대로 그 속에서부터
생수의 강들이 흘러나올 것이다.

이는 당신을 믿는 이들이 받게 될
성령을 가리켜 하신 말씀이었다.

예수님께서 영광스럽게 되지 않으셨기 때문에
성령께서 아직 와 계시지 않았던 것이다.

축제의 마지막 날, 예수님이 일어나시어
큰 소리로 말씀하셨다.

목마른 사람은 다,
나에게 와서 마셔라. ✝

아버지께서 나를 보내신 것처럼
나도 너희를 보낸다. 성령을 받으라

성령강림 대축일
5. 23.
요한 20,19-23

우리는 모두 한 성령 안에서 세례를 받아
한 몸이 되었습니다.

성령에 힘입지 않고서는 아무도
예수님은 주님이시다 할 수 없습니다.

너희가 누구의 죄든지
용서해주면 그가 용서를 받을 것이고

그대로 두면 그대로
남아 있을 것이다. ✝

너무 멀리 돌고 돌아서

지극히 거룩하신 삼위일체 대축일
5. 30.
마태오 28,16-20

요즈음 농부들의 심정과 고초를 많이 헤아리고 있다.
농부들은 이른 봄부터 허리가 휘어지도록 땅을 일구고 씨앗을 뿌린다.

한여름 뜨거운 뙤약볕 아래 몇 시간이고 서서 구슬땀을 흘린다.
농작물은 주인 발소리를 듣고 자란다며 수시로 찾아간다.
마치 자식 키우는 것 같다.

눈만 뜨면 걱정이다. 잠을 자도 걱정이다. 온갖 정성을 다한다.
그분들이 그렇게 애쓰는 이유가 무엇일까?
가장 큰 기대는 무엇일까?

풍성한 수확일 것이다.
알찬 결실을 기대할 것이다.
신앙생활에도 똑같이 적용되리라고 생각한다.

그리스도 신앙인들, 왠지 손해 본다는 느낌이 들 때가 많을 것 같다.
 억울한 느낌이 들 때도 있을 것이다.
 누가 시키는 것도 아닌데, 안 가면 그만인데 꿀맛 같은 새벽잠을
 포기하고 힘겨운 몸을 이끌고 꼭두새벽부터 본당으로 향한다.

 봉헌금도 내야지, 교무금도 내야지, 그 잦은 2차 헌금도 내야지, 재수 없이 신축 본당 걸리면 뭉칫돈까지 마련해야한다. 때로 야단 맞아가며, 내 시간 허비해가며 봉사활동에 전념하지만 그 누구도 칭찬 않는다.
 왠지 손해 보는 느낌이다.
 그렇게 손해 보는 이유가 무엇일까?
 언젠가 주님 대전에서 거두게 될 풍성한 영적 수확 때문이다.

 언젠가 그분께서 각자에게 넘치도록 베푸실 영원한

상급 때문일 것이다.

복음에서는 그것을 가르쳐 주신다.

그 비결은 아주 간단하다. 누구라도 할 수 있다.

그 비결은 우리가 그분을 떠나지 않는 것이다.

그분 사랑 안에 머무는 것이다.

너무나 멀리 돌고 돌아 이제사 다시 제자리로 돌아왔다.

이 간단한 깨달음이 그저 감사할 뿐이다. ╫

✝

이는 내 몸이다. 이는 내 피다

지극히 거룩하신 그리스도의 성체성혈 대축일
6. 6.
마르코 14,12-16

무교절 첫날, 파스카양을 잡는 날에 제자들이 예수님께 잡수실 파스카 음식을 어디에 차리면 좋겠습니까? 하고 물었다.

예수님께서는 제자 두 사람을 보내며 이르셨다.

 도성 안으로 가거라. 그러면 물동이를 메고 가는 남자를 만날 터이니 그를 따라가거라. 집주인에게 스승님께서 제자들과 함께 파스카 음식을 먹을 내 방이 어디 있느냐? 물으십니다, 하여라.

 그 사람이 이미 자리를 깔아 준비된 큰 이층 방을 보여 줄 것이다.

 거기에다 차려라.

 도성 안으로 가서 보니 예수님께서 일러주신 그대로였다.

 그들은 파스카 음식을 차렸다.

 그들이 음식을 먹고 있을 때 예수님께서 빵을 들고 찬미를 드린 다음 그것을 떼어 제자들에게 주시며 말씀하셨다.

"받아라, 이는 내 몸이다." 또 잔을 들어 감사를 드리
신 다음 제자들에게 주시니 모두 그것을 마셨다.

이는 많은 사람을 위하여 흘리는 내 계약의 피다.

그들은 찬미가를 부르고 나서 올리브산으로 갔다. ▌

우리 인간을 향한 하느님의
극진한 사랑 표현 삼위일체

연중 제 10 주일
6. 7.
요한 3.16-18

성부와 성자와 성령의 이름으로 아멘!

하며 성호를 긋는다는 것은 하느님께서 성삼위로 존재하고 계심을 믿겠다고 선언하는 것이다.

사제는 미사 시작 때 신자들에게 다음과 같이 인사합니다.
"우리 주 예수 그리스도의 은총과
하느님의 사랑과 성령의 친교가 여러분과 함께"

이렇게 우리는 자신도 모르게 은연중에 삼위일체이신 하느님의 신비 안에 살아가고 있습니다.

하느님과 관련된 지식에 둘째가라면 서러워하실 바오로 사도도
역시 하느님의 풍요와 지혜와 지식은 정녕 깊습니다.

그분의 판단은 얼마나 헤아리기 어렵고

그분의 길은 얼마나 알아내기 어렵습니까?
누가 주님의 생각을 안 적이 있습니까?

결국 하느님은 파악이나 결론을 내릴 대상이 아니라
신비와 신앙의 대상이다. ▮

새남터 순교성지

미사는 기도의 진수이자 기도 중의 기도다

연중 제 11 주일
6. 13.
요한 6,51-58

내 살을 먹고 내 피를 마시는 사람은
영원한 생명을 얻고 나도 마지막 날에 그를 다시 살릴
것이다.

내 살은 참된 양식이고
내 피는 참된 음료다.

내 살을 먹고 내 피를 마시는 사람은
내 안에 머무르고,
나도 그 안에 머무른다.

예수님께서는 이 선언을 통해
성체성사에 대한 정의와 핵심, 본질, 효과에 대해
명확하게 설명하셨습니다. ▐

너는 어찌하여
형제의 눈에 있는 티는 보면서
네 눈에 있는 들보는 깨닫지 못하느냐?

(화가 날 때는 산책을 나가십시오)

연중 제 12 주일
6. 21.
마태오 7.1-5

50년 동안 결혼생활을 했는데 결혼 초에 이런 약속을 했다.
 내가 화나면 당신이 부엌으로 비켜주고, 당신이 화가 나면 내가 산책을 나가겠소, 라고 약속을 했다.

 서로 보기만 해도 스파크가 번쩍번쩍 튀는 꿈같은 날의 순간이였다.
 일 년 이 년 삼 년이 지나가면 아무리 외면하려고 기를 써도 배우자의 결함이 슬슬 눈에 띄기 시작한다.

 돌이켜보면 너무나 사소한 것들이어서 웃음이 나온다.
 마음만 크게 먹으면 참고 넘길 만한 것들이다.
 그럼에도 불구하고 끊임없는 전쟁의 원인이 된다.

 그럴 때 상대방을 마음속으로 심판하고 단죄하고 불같이 화를 내는 대신 밖으로 나가보기를 권한다.
 근처 공원을 거닐고 가까운 야산을 올라보며 시시각

각 변하는 자연을 접해보면 옹졸했던 마음이 씻은 듯이 사라질 것이다.

 그러면서 다시 생각해보면 아무것도 아닌 일로 상대방을 판단하고, 미워하고, 단죄한 일에 웃음이 나올 것이다.
 오늘 복음에서 예수님께서는 심판, 단죄를 함부로 하지 말라고 당부하신다. ▌

새미은총동산 순교성지

수도자의 모델, 이정표인 세례자 요한

성요한 세례자 탄생 대축일
6. 24.
루카 1.57-66.80

좀 의아스럽게 느껴질지 모르지만 성인(聖人)들에게
도 등급이 있다.

어떤 성인은 대성인으로 분류되어 교회 전례 안에서
대축일로 경축한다.

축일을 앞두고 9일 기도까지 바친다.

어떤 성인은 전례 안에서 이름만 기억할 정도이다.

보통 성인은 세상을 떠나신 날. 하늘나라에 입국하신
날을 축일로 정해 한 번만 기억한다.

그러나 어떤 성인은 여러 번에 걸쳐 축일을 경축한다.

성모님이나 베드로 사도, 바오로 사도, 오늘 우리가
기억하는 세례자 요한이 그렇다.

세례자 요한의 수난과 죽음도 축일로 정해 기억하지
만 오늘같이 그의 탄생도 경축한다.

그만큼 세례자 요한은 교회 안에서 탁월한 업적을 남
긴 대성인이다.

구약과 신약을 연결시키는 다리 역할에 충실했는가
하면 메시아로 오신 예수님의 길을 닦는 선구자로서의
역할에 최선을 다했다.

그는 결혼마저 포기하고 홀로 살았다.
지극히 겸손했으며 철저히 순명했다. ▌

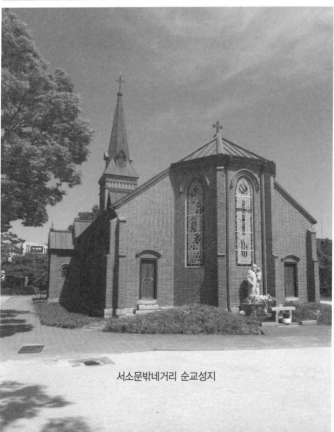

서소문밖네거리 순교성지

제 십자가를 지고 따르지 않는 사람도
나에게 합당하지 않다

연중 제 13 주일 (교황 주일)
6. 28.
마태오 10,37-42

내 뜻대로가 아니라 아버지의 뜻을
한 치의 오차도 없이

실천하신 예수님
그분의 순명으로 구원이 왔다.

우리 죄인도 희망을 가지게 됐다.

십자가 없이는 구원이 없다
십자가 없이는 영원한 생명도 없다
십자가 없이는 하느님 나라도 없다.

자기 희생을 동반한 십자가 외에
천국으로 향하는 다른 길은 없다. ▐

김대건 안드레아 사제는 하루를 영원처럼
충만히 살아가셨다

연중 제 14 주일 (성 김대건 안드레아 사제 순교자)
7. 5.
마태오10.17-22

신학 공부를 마치고 난 그는 여러 차례 입국을 시도했지만 당시 조선 땅은 천주교에 대한 박해가 한창이었으므로 그때마다 좌절을 반복했다.

그의 귀국은 자랑스럽고 영광스러운 것이 결코 아니었다.

무슨 대역죄인도 아닌데 신분도 감춘 채 마치 간첩처럼 은밀히 다녀야 했던 가시밭길 귀국이었다.

야행성 들짐승처럼 체포의 위험을 피해 낮에는 숨어 있다가 밤에만 조용히 이동해야 했다. 이동 중에 며칠씩 아무것도 먹지 못했고 탈진해 죽을 고비도 많이 넘겼다.

계속된 굶주림과 추위와 피로는 그의 건강을 극도로 악화시켰다.

우여곡절 끝에 겨우 한양에 도착했을 때 그는 꼼짝도 못하고 2주 동안이나 병석에 누워 지낼 정도였다고 한다.

마지막 순간이 순식간에 닥쳐올 것을 미리 예상하고 있었기에 그의 머릿속, 마음 속은 기꺼이 박해를 받고 기쁘게 순교할 각오로 가득했다.

 활활 타오르던 사목적 열정과 어린 양 떼를 향한 강렬한 사목적 사랑이 오늘 우리 한국 성직자들에게 선물로 주어지길 간절히 바란다. ✝

수리산 순교성지

이 시대의 순교

한국 성직자들의 수호자 성 김대건 안드레아 사제 순교자
7. 5.

순교는 그리스도인이 얻을 수 있는 가장 큰 은총이다.
순교는 작고 나약한 한 인간이
크고 전지전능하신 하느님과 온전히 합일하는 축복이
다.

순교는 보잘것없는 인간 존재이지만 하느님께 도달할
수 있다는
가능성을 보여주는 은혜로운 사건이다.

결국 순교는 예수그리스도를 가장 완벽하게 모방하는
일,
완전한 그분의 제자로 거듭 나는 일이다.

성 김대건 안드레아 신부님은 스물다섯 살, 꽃다운 나
이에
형장의 이슬로 사라지기 직전 남기신 말씀은
그의 부활 신앙이 얼마나 큰 것인지를 알 수 있다.

보기만 해도 끔찍한 휘광이의 칼날 앞에서 눈 하나 깜빡하지 않고
 담대히 하느님의 신앙을 증거하신 김대건 신부님의
 신앙 앞에 참으로 큰 부끄러움을 느끼게 된다.

 오늘날 현대의 순교는 하느님과 이웃을 위해 자신을 내어놓는 일이다.
 한 번 두 번이 아니라 열 번 스무 번 끝도 없이 내어놓는다.
 시간을 내어놓고 재능을 봉헌하고 재산을 나누고 삶을 봉헌하는 것이 오늘날 현대의 순교다. ▐

수원 순교성지

기다리시는 하느님

연중 제 15 주일
7. 12.
마태오 13,1-23

'밀과 가라지의 비유‘ 를 통해서

하느님께서는 우리 부족한 인간들을 향한
하느님 아버지의 한없는 인내와 자비에 대해서 강조
하고 있다.

그리스도인으로서 나름대로 열심히 산다고 발버둥치
지만
되돌아보면 언제나 부족하고 부끄러운 생활이다.

때로는 부끄러움이 지나쳐 비참했던 생활,
그래서 절망도 많이 했고 좌절도 많았던 삶이다.

기나긴 방황의 여정이었다. █

초보 농사꾼의 추억

연중 제 16 주일 (농민 주일)
7. 19.
마태오 13,24-43

밭이랑을 수십 개 만들고 나서 밭 이랑 가운데 호박 모종을 심었다가 지나가는 할머니에게 혼난 적이 있다.

 고추 모종이 자라기 시작하면서
 지지대를 세우고 끈으로 묶어줘야 한다.

 그 지지대 값을 아낀다고 부러진
 우산대 같은 걸 쭉 세워놓았으니 가관이었다.

 농사,
 아무나 하는 것이 아니라는 것을 뼈저리게 느끼고 나서 하나하나 겸손하게 이웃 농부 할아버지께 자문을 구했다.

 내가 깨우친 농사는 먼저 좋은 토양을 만드는 일이었다.
 좋은 토양은 아무런 노력 없이 되는 것이 아니다.

예수님께서는 우리 신앙인 각자 마음도 좋은 토양이 되어야 한다고 가르치신다.

하느님 말씀이라는 씨앗이 좋은 토양 위에 뿌려져 왕성히 성장하고 많은 열매를 맺게 된다는 보편적인 진리를 말씀하고 계신다. ✝

신나무골 순교성지

인생 100% 성공하는 법

연중 제 17 주일
7. 26.
마태오 13,44-52

저희 어머니는 백수를 사시고 돌아가셨지만
 연세가 많이 드셨네요, 라고 하면 그렇지? 늙어가는
것이 아니라 익어가는 거야! 라고 노랫말을 되풀이하
셨다.
 그러면 나도 기분이 좋아진다.

 부모님으로부터 내가 늙었다! 라는 말을 듣는 것보다
는, 내가 많이 익었지? 라는 말을 듣는 것이 더 좋다.
 과일도 익은 것은 맛이 있지만 늙은 것은 먹을 수 없
다.

 인생의 성공도 여기에 달려 있을 것이다. 늙지 말고
익어가야 한다.
 그렇다면 늙는 것과 익는 것의 차이는 무엇일까?

 죽을 때 후회하지 않으려면 나의 성숙만을 바라야 한
다.
 젊은 사람들이 세상에서 성공하기를 원하지만, 세상

에서 성공한 사람 중에 삶의 목적이 돈이었다고 말하는 사람은 없다.

빌 게이츠와 워런 버핏을 함께 초대하여 강연을 듣고 질의응답을 하였다. 이때 어떤 학생이 그렇게 부자가 되기 위해 가장 중요한 것은 무엇입니까? 질문했을 때

워런 버핏이 먼저 인성입니다,라고 대답했고, 빌 게이츠도 동의하였다.

그들이 추구했던 것은 돈이 아니라 인성의 성숙이었다. ▌

어농 순교성지

사람들은 모두 배불리 먹었다

연중 제 18 주일
8. 2.
마태오 14.13-21

저녁 때가 되자 제자들은 예수님께 다가와 말하였다.
여기는 외딴곳이고 시간이 이미 지났습니다.

그러니 군중을 돌려 보내시어 마을로 가서
스스로 먹을거리를 사게 하십시오.

예수님께서 그들을 보낼 필요가 없다
너희가 그들에게 먹을 것을 주어라, 하고 이르시니

제자들이 저희는 여기 빵 다섯 개와 물고기 두 마리
밖에 가진 것이 없습니다, 하고 말하였다.

예수님께서는 그것들을 이리 가지고 오너라, 하시고
는
군중들에게 풀밭에 자리를 잡으라고 지시하셨다.

그리고 빵 다섯 개와 물고기 두 마리를 손에 들고 하
늘을 우러러

찬미를 드리신 다음 빵을 떼어 제자들에게 주시니 그
것을 군중에게 나누어 주었다.

사람들은 배불리 먹었다. 그리고 남은 조각을 모으니
열두 광주리에 가득 찼다.
먹은 사람은 여자들과 아이들 외에 남자만도 오천 명
가량이었다. ✝

여산 하늘의 문 순교성지

저더러 물 위로 걸어오라고 명령하십시오

연중 제 19 주일
8. 9.
마태오 14.22-33

예수님께서는 새벽에 호수 위를 걸으시어 그들 쪽으로 가셨다.

제자들은 예수님께서 호수 위를 걸으시는 것을 보고 겁에 질려

"유령이다."
하며 두려워 소리를 질러댔다.

예수님께서는 곧 그들에게 말씀하셨다.
"용기를 내어라. 나다. 두려워하지 마라."

그러자 베드로가 말하였다.
주님, 주님이시거든 저더러 물 위를 걸어오라고 명령하십시오.

예수님께서 "오너라." 하시자 베드로가 배에서 내려 물 위를 걸어 예수님께 갔다.

그러나 거센 바람을 보고서는 그만 두려워졌다.
그래서 물에 빠져들기 시작하자

주님, 저를 구해주십시오, 하고 소리를 질렀다.
손을 붙잡으시고 이 믿음이 약한 자야,
왜 의심을 하느냐, 하고 말씀하셨다. ✝

대산 순교성지

인간이 가장 불행한 장소인
아우슈비츠 수용소를 사랑과
기적의 장소로 변화시켜 나간 사제

성 막시밀리아노 마리아 콜배 사제 순교자 기념일
8. 14.
여호수아 24.14-29

연인들 사이에서 종종 벌어지는 일이, 사랑하는 사람이 다른 사람 누군가에게 눈길을 주거나 가까워지는 모습을 볼 때 즉시 분노가 폭발한다. 그런 상황을 견디지 못하고 어떻게 그럴 수가 있냐며 따진다.

우리 하느님 역시 질투의 화신이라고 여호수아는 말한다.
너희가 주님을 버리고 낯선 신들을 섬기면 그분께서 너희에게 선을 베푸신 뒤에라도 돌아서서 너희에게 재앙을 내리시고 너희를 멸망케 하실 것이다.

이스라엘의 역사는 하느님에 대한 불충실, 진노와 처벌, 회개와 용서, 화해와 새 출발이 거듭 반복되는 역사이다.
하느님 눈을 가장 이글거리게 만든 이스라엘 백성들의 행위는 우상숭배였다. 하느님께서는 우리의 시선이 다른 곳을 향하는 것을 못 견뎌 하신다. 오늘 축일을 맞는 콜배 신부님을 묵상해 보면 죽음의 수용소 생활을 견뎌낸 생존자들의 증언은 참으로 감동적이다.

 폐결핵으로 가장 병약한 수감자 중의 한 사람이었음에도 늘 동료를 먼저 생각하고 배려했다고 한다. 말라 비틀어진 빵 한 조각도 허기로 고생하는 젊은 동료들에게 양보해 주었고 강제 노역 가운데 가장 힘든 일을 먼저 선택했다.

 간수들의 번득이는 눈초리를 피해가며 동료 수감자들에게 사목자로서 역할을 훌륭히 수행했다. 많은 사람들이 그의 영적 지도와 고해성사를 통해 지옥의 도가니 속에서도 깊은 마음의 평화와 위로를 얻었으며 자살 충동을 극복했다. 인간이 만든 가장 불행한 장소인 아우슈비츠 수용소를 사랑과 기적의 장소로 변화시켜 나갔다.

 폭력과 증오심을 기도와 사랑으로 이겨냈다.
 동료들은 그의 무릎에 얼굴을 기대고 평온하게 하느

님 나라로 건너갔다. ▮

성모마리아 하늘로 오르시니
천사들의 무리가 기뻐하네

성모 승천 대축일
8. 15.
루카 1.39-56

이제로부터 과연 모든 세대가 나를 행복하다 하리니,
전능하신 분께서 나에게 큰일을 하셨기 때문이다.
그분의 이름은 거룩하시고 그분의 자비는 대대로 당
신을 경외하는 이들에게 미치리라.

그분께서는 당신 팔로 권능을 떨치시어 마음속 생각
이 교만한 자들을 흩으셨다.
통치자들을 왕좌에서 끌어내리시고 비천한 이들을 들
어 높이셨으며, 굶주린 이들을 좋은 것으로 배불리시
고, 부유한 자들을 빈손으로 내치셨다.

당신의 자비를 기억하시어, 당신 종 이스라엘을 거두
어 주셨으니 우리 조상들에게 말씀하신 대로 그 자비
가 아브라함과 그 후손에게 영원히 미칠 것이다. ▐

아, 여인아! 네 믿음이 참으로 크구나

연중 제 20 주일
8. 16.
마태오 15,21-28

그 고장에서 어떤 가나안 부인이 나와

다윗의 자손이신 주님, 저희에게 자비를 베풀어 주십
시오.

제 딸이 호되게 마귀에 들렸습니다, 하고 소리 질렀
다.

예수님께서는 한마디도 대답하지 않으셨다.

제자들이 다가와 말하였다. 저 여자를 돌려보내십시
오.

우리 뒤에서 소리 지르고 있습니다. 그제야 예수님께
서

"나는 오직 이스라엘 집안의 길 잃은 양들에게 파견
되었을 뿐이다."

하고 대답하셨다.

그러나 그 여자는 예수님께 다가와 엎드려 절하며

"주님 저를 도와주십시오."하고 청하였다.

예수님께서는
"자녀들의 빵을 집어 강아지들에게 던져주는 것은 좋지 않다."
하고 말씀하셨다.

그러자 그 여자가 "주님, 그렇습니다. 그러나 강아지들도 주인이 식탁에서 떨어지는 부스러기를 먹습니다."하고 말하였다.

예수님께서는 "아, 여인아! 네 믿음이 참으로 크구나. 네가 바라는 대로 될 것이다." 바로 그 시간에 그 여자의 딸이 나았다. ▌

연풍 순교성지

너는 베드로다. 나는 너에게
하늘나라의 열쇠를 주겠다

연중 제 21 주일
8. 23.
마태오 16.13-20

예수님께서 카이사리아 필리피 지방에 다다르시자 제
자들에게 사람의 아들을 누구라고 하느냐? 하고 물으
셨다.

제자들이 대답하였다.
세례자 요한이라고 합니다.
그러나 어떤 이들은 예레미아나 예언자 가운데 한 분
이라고 합니다.

예수님께서 너희는 나를 누구라고 하느냐? 하고 물으
시자 시몬 베드로가
"스승님은 살아계신 하느님의 아드님 그리스도이십
니다."
하고 대답하였다.

그러자 예수님께서 그에게 이르셨다.
시몬 베드로야, 너는 행복하다.

살과 피가 아니라 하늘에 계신 내 아버지께서
그것을 너에게 알려 주셨기 때문이다.

 나 또한 너에게 말한다. 너는 베드로다. 내가 이 반석
위에 내 교회를 세울 터인즉, 저승의 세력도 그것을 이
기지 못할 것이다.

 또 나는 너에게 하늘나라의 열쇠를 주겠다.
 그러니 네가 무엇이든 땅에서 매면 하늘에서도 매일
것이고, 네가 무엇이든 땅에서 풀면 하늘에서도 풀릴
것이다. ✝

연풍 순교성지

누구든지 내 뒤를 따라오려면
자신을 버려야 한다

연중 제 22 주일
8. 30.
마태오 16.21-27

예수님께서는 당신이 반드시 예루살렘에 가시어 원로들과 수석 사제들과 율법 학자들에게 많은 고난을 받고 죽임을 당하셨다가 사흘날에 되살아나셔야 한다는 것을 제자들에게 밝히기 시작하였다.

그러자 베드로가 예수님을 꼭 붙들고 반박하기 시작하였다.
맙소사, 주님! 그런 일은 주님께 결코 일어나지 않을 것입니다.

그러나 예수님께서는 돌아서서 베드로에게 말씀하셨다.

사탄아, 내게서 물러가라, 너는 나에게 걸림돌이다.
너는 하느님의 일은 생각하지 않고 사람의 일만 생각하는구나.
누구든지 내 뒤를 따라오려면, 자신을 버리고
제 십자가를 지고 나를 따라야 한다.

정녕 자기 목숨을 구하려는 사람은 목숨을 잃을 것이
고
나 때문에 자기 목숨을 잃는 사람은 목숨을 얻을 것이
다.

 사람이 온 세상을 얻고도 제 목숨을 잃으면 무슨 소용
이 있겠느냐?
 사람이 제 목숨을 무엇과 바꿀 수 있겠느냐? ✝

왜고개 순교성지

고통이 커질수록 위축되지 말고
더 고개를 똑바로 들고
마음도 더 올곧게 활짝 펴라

연중 제 23 주일
9. 5.
루카 6.6-11

때로 행복하고 달콤한 우리 인생이지만 다른 한편으로 다양한 고통과 십자가가 끊이지 않고 다가온다.

우리 자신의 나약함이나 부족함과 어쩔 수 없는 인간적 한계로 인해 겪는 고통들, 함께 살아가는 존재로 인해 파생되는 필연적으로 감내해야 할 고통들, 주님과 교회를 위해 일하다가 겪게 되는 고통들, 병고와 노화, 시시각각으로 다가오는 죽음으로 인해 겪는 고통들……

바오로 사도는 고통 앞에서 성숙한 신앙인으로서 어떻게 고통을 바라보고 수용하고 대처할 것인지에 대한 답을 제시해 준다.
형제 여러분, 이제 나는 여러분을 위해 고난을 겪으며 기뻐합니다.
이제부터 고통이 다가올 때 즉시 주님을 먼저 생각해야겠습니다.

내가 고통을 당할 때마다 나는 그리스도의 환난에 모자라는 부분을 채우고 있다고 굳게 믿어야 한다.

고통의 십자가 무게가 커질수록 위축되지 말고 더 고개를 똑바로 들어야 하겠다.

어깨도 더 활짝, 마음도 더 올곧게 활짝 펴야겠다. ✝

전동 순교성지

내가 너에게 말한다.
일곱 번이 아니라 일흔일곱 번이라도
용서해야 한다

연중 제 24 주일
9. 13.
마태오 18,21-35

베드로가 예수님께 다가와

주님, 제 형제가 죄를 지으면 몇 번이나 용서해 주어야 합니까?

일곱 번까지 해야 합니까? 하고 물었다.

내가 너에게 말한다. 일곱 번이 아니라 일흔일곱 번이라도 용서해야 한다.

그러므로 하늘나라는 자기 종들과 셈을 하려는 어떤 임금과 비할 수 있다.

임금이 셈을 하기 시작하자 만 탈란트를 빚진 사람 하나가 끌려왔다.

그런데 그가 빚을 갚을 길이 없으므로, 주인은 그 종에게 자신과 아내와 자식과 그 밖에 가진 것을 다 팔아서 갚으라고 명령하였다.

그러자 그 종이 엎드려 절하며

제발 참아 주십시오, 제가 다 갚겠습니다, 하고 말하였
다.

 그 종의 주인은 가엾은 마음이 들어,
 그를 놓아 주고 부채도 탕감해 주었다.

 그런데 그 종이 나가서 자기에게 백 데나리온을 빚진
동료 하나를 만났다.

 그러자 그를 붙들어 멱살을 잡고 "빚진 것을 갚아라."
하고 말하였다.

 그의 동료는 엎드려서 제발 참아 주게, 내가 갚겠네,
하고 청하였다.
 그러나 그는 들어 주려고 하지 않았다.

 그리고 가서 그 동료가 빚진 것을 다 갚을 때까지 감
옥에 가두었다.

동료들이 그렇게 벌어진 일을 보고 너무 안타까운 나머지
주인에게 가서 그 일을 죄다 일렀다.

그러자 주인이 그 종을 불러들여 말하였다.
이 악한 종아. 네가 청하기에 나는 너의 빚을 다 탕감해 주었다.

내가 너에게 자비를 베푼 것처럼 너도 네 동료에게
자비를 베풀어야하지 않느냐?

그리고 나서 화가 난 주인은 그를 고문 형리에게 넘겨
빚진 것을 다 갚게 하였다.

너희가 저마다 자기 형제를 마음으로부터 용서하지
않으면,
하늘의 내 아버지께서도 너희에게 그와 같이 하실 것
이다. ✝

나 때문에 목숨을 잃는 사람은
목숨을 구할 것이다

연중 제 25 주일
9. 20.
루카 9,23-26

누구든지 내 뒤를 따라오려면 자신을 버리고
날마다 제 십자가를 지고 나를 따라야 한다.

정녕 자기 목숨을 구하려는 사람은 목숨을 잃을 것이고
나 때문에 자기 목숨을 잃는 사람은 목숨을 구할 것이
다.

사람이 온 세상을 얻고도 자기 자신을 잃거나 해치게
되면
무슨 소용이 있느냐?

누구든지 나와 내 말을 부끄럽게 여기면 사람의 아들도
자기의 영광과 아버지와 거룩한 천사들의
영광에 싸여 올 때에

그를 부끄럽게 여길 것이다. ✝

✟

누구든지 내 뒤를 따라오려면
자신을 버리고 날마다 제 십자가를 지고
나를 따라야 한다

성 김대건 안드레아 사제와 성 정하상 바오로와 동료 순교자들 대축일
9. 20.
루카 9,23-26

오늘 한국 순교자들의 대축일에 순교에 대하여 생각해본다.
순교의 본질이자 핵심은 무엇일까?
생각해보면 의외로 간단하다.

시편 작가는 스스로 질문한다.
내게 베푸신 그 모든 은혜를 나 무엇으로 주님께 갚으리오?
이 질문에 대해 즉시 이렇게 대답한다.
구원의 잔 들고서 주님의 이름을 받들어 부르네.

순교란 자신이 받은 모든 것을 주님께 돌려드리는 행위이다.
구원의 잔은 다름아닌 가장 농축되고 전적인 봉헌.
즉 순교를 의미한다.

죽을 각오로 현실의 고통에 직면하는 일이다.
죽기살기로 열심히 기도하는 일이다.

순교자의 마음으로 이웃을 용서하고 포용하는 일이다. 우리의 관건은 기다림이다.

이 시대의 또 다른 순교의 얼굴은 기다리는 것이다. 오늘 우리의 삶이 때로 견딜 수없이 남루하고 때로 비참하다 할지라도 방법이 없다.

기다리는 수밖에. 언젠가 하느님께서 우리에게 건내주실 깜짝 선물을 기대하면서. ▮

절두산 순교성지

젊은이여, 네 젊은 시절에 즐기고
젊음의 날에 네 마음이
너를 기쁘게 하도록 하여라

이민의 날
9. 26.
코헬렛 11.9–12

인간은 아무리 발버둥쳐도 세월을 거스를 수 없다는 것을 코헬렛은 온몸으로 절절히 체험했다.

그러한 자신의 생생한 체험을 바탕으로 오늘 우리에게 소중한 가르침을 건네고 있다.

기도나 영적 생활 역시 젊은 시절에 그 맛을 들이는 것이 좋다.

지금은 바쁘니 좀 더 나이들면 기도를 시작해야지 하는 사람치고 성공하는 사람 별로 없다.

그러니 기도를 미루지 말고 한 살이라도 젊었을 때 본격적으로 시작하고 그 깊은 맛을 들이면 좋겠다.

우리나라 농촌의 현실이 점점 심각해진다.

급격한 노령화 탓인지 어린아이들이나 젊은 사람들을 만나기는 하늘에 별 따기이다.

산부인과나 산후조리원 같은 간판은 찾아볼 수가 없다.

그나마 근근이 마을을 지켜오던 주민들도 점점 노쇠해져서 동네 전체가 생명력이라고는 하나도 안 보인다. 코헬렛은 불행한 날에 만나게 될 끔찍한 상황을 생생하게 묘사한다.

비가 오고 구름이 몰려 오는 날의 희망이 사라진 노년기를 상징한다.
파괴된 집은 노년기에 맞이할 고통을 의미한다. ▌

제주 용수 성지

맏아들은 생각을 바꾸어 일하러 갔다.
세리와 창녀들이 너희보다 먼저
하느님의 나라에 들어간다

연중 제 26 주일
9. 27.
마태오 21.28-32

어떤 사람에게 아들이 둘 있었는데 맏아들에게 가서
얘야, 너 오늘 포도밭에 가서 일하여라, 하고 일렀다.

그는 싫습니다, 하고 대답하였지만 나중에 생각을 바
꾸어 일하러 갔다.
아버지는 또 다른 아들에게 가서 같은 말을 하였다.

그는 가겠습니다, 아버지! 하고 대답하였지만 가지는
않았다.
이들 가운데 누가 아버지의 뜻을 실천하였느냐?

그들이 맏아들입니다, 하고 대답하자 예수님께서
그들에게 말씀하셨다.

내가 진실로 너희에게 말한다.
세리와 창녀들이 너희보다 먼저 하느님 나라에 들어
간다.

사실 요한이 너희에게 와서 의로운 것을 가르칠 때 너희는 그를 믿지 않았지만 세리와 창녀들은 그를 믿었다.

너희는 그것을 보고도 생각을 바꾸지 않고
끝내 그를 믿지 않았다. ▌

죽산 순교성지

형제 여러분, 아무것도 걱정하지 마십시오

군인 주일
10. 4.
마태오 21.33-43

어떠한 경우에든 감사하는 마음으로 기도하고 간구하며
여러분의 소원을 하느님께 아뢰십시오.

그러면 사람의 모든 이해를 뛰어넘는 하느님의 평화가 여러분의 마음과 생각을 그리스도 예수님 안에서 지켜줄 것입니다.

탈출구도 없을 뿐더러, 사방이 높은 담으로 가로막혀, 밤잠도 제대로 못 이루고 있는 오늘 우리에게 바오로 사도께서는 아무것도 걱정하지 말랍니다.

너무한 현실 앞에, 입만 열면 불평불만이 폭포수처럼 터져 나오는 우리에게, 바오로 사도께서는 어떠한 경우에든 감사하랍니다.

도무지 희망이라고는 없어 보이는 현실 앞에 마냥 주저앉아 있는 우리에게, 바오로 사도께서는 끊임없이

기도하고 간구하며 소원을 하느님께 아뢰랍니다.

곰곰이 생각해보니 바오로 사도의 권고는
지극히 현실성이 떨어져 보이고, 대책 없어 보이기도
합니다.

그러나 바오로 사도께서 걸어가신 전도 여행길을 생
각해보니, 권고 말씀이 절대로 헛된 말씀이 아니라는
것을 알게 됩니다.

바오로 사도께서는 깊은 지하 감옥에 갇혀 있으면서
도 찬미의 송가를 불렀습니다. 혼절할 정도로 심한 매
를 맞으면서도 그는 그리스도의 수난에 참여하고 있다
는 마음에 주님께 감사드렸습니다.

그토록 공들였던 초기 교회 공동체들이 수시로 흔들
리고 분열되었으며 삐그덕거렸지만, 조금도 아랑곳하
지 않고 희망의 기도를 바쳤습니다.

이렇게 바오로 사도는 자신이 몸소 겪은 바를 가르쳤고, 당신이 직접 사신 바를 권고했습니다.

그러니 이천 년 세월을 건너와 오늘 우리에게까지 그분의 말씀은 생생한 설득력과 호소력을 지니고 있는 것입니다. ┃

오늘 이 하루를 사랑의 화단으로

하늘나라는 자기 아들의 혼인 잔치를 베푼 어떤 임금에게 비길 수 있다.

그는 종들을 보내어 혼인 잔치에 초대받은 이들을 불러오게 하였다.

그러나 그들은 오려고 하지 않았다.

다양한 형태의 초대장이 우리를 부릅니다.

백일 돌잔치 초대장, 결혼식 초대장, 칠순 잔치 초대장, 부고장, 서품식 초대장, 이취임식 초대장……

여러 초대 가운데 가장 기대되고 생각만 해도 행복한 초대는 어떤 초대입니까?

보고 싶은 친구들, 사랑하는 사람들을 만날 수 있는 잔치, 옛 추억을 떠올리며 마음껏 웃고 떠들 수 있는 편안한 잔치, 그간 쌓인 스트레스를 일순간에 날려버릴 수 있는 잔치 그래서 다시금 에너지를 얻고 희망을 안고 돌아올 수 있는 그런 잔치가 아닐까요?

매일 영원한 생명과 구원의 기쁨을 맛볼 수 있는 성체 성사에로의 초대가 우리를 기다립니다.

갈 때마다 마음의 짐, 죄의 굴레를 말끔히 씻어주는 화해 성사에로의 초대가 우리를 반겨줍니다.

오늘도 주님께서는 다양한 형태의 초대장을 우리 각자에게 발송하고 계시는데, 초대장 가운데 가장 아름다운 초대장은 사랑의 초대장입니다.

사랑에로의 초대를 받고 오늘 우리에게 주어진 이 하루를 사랑의 화단으로 만들어나가면 좋겠습니다. ▮

천진암 순교성지

한 명의 선교사가 파견되면

연중 제 29 주일
10.18.
마태오 28,16-20

이제 막 서품받은 사제,
앞길이 구만리 같은 풋풋한 젊은 사제.

선교지에서 겪게 될 갖은 고초가 손에 잡힐 듯이 떠오
른다.
물설고 낯설은 이국땅, 풍토병, 지독한 더위, 입에 댈
수조차 없는 음식, 외로움, 무엇보다도 끝까지 괴롭히
는 언어……

우리 한국 교회는 선교사들로부터 너무나 많은 도움
을 받았다.
그분들의 헌신과 노고는 오늘 우리 교회의 소중한 밑
거름이 된다.

한 선교사가 해외로, 그것도 가장 낙후된 오지로 파견
된다는 것,
그 자체가 기적이다. 한 선교사의 마음 안에 선교사로
서의 꿈이 생겨난다는 것, 그 자체가 기적이다.

이 땅에 오셔서 청춘은 물론 평생을 헌신하신 선교사들을 바라보며
인간적인 눈으로 바라볼 때 참으로 안타깝다.

가뭄에 콩 나듯 고국에 한 번씩 들르시지만
그쪽에서도 이방인이다.
이 땅에서도 마찬가지다.

하느님께서는 분명 그들의 노고를 다 알고 계실 것이다.
그들의 사무치는 외로움을 다 보고 계실 것이다.

천호 순교성지

✝

주 너의 하느님을 사랑하고,
네 이웃을 너 자신처럼 사랑해야 한다

연중 제 30 주일 (전교 주일)
10. 25.
마태오 22.34-40

힘겨운 날

이렇게 힘겨운 날, 이 세상에 그나마 당신이 있어서 얼마나 다행인지요? 계셔서 정말 고맙습니다.

오늘 복음에서 주님께서는 사랑에 대하여 말씀하시는데, 사랑은 그리 거창한 것이 아니라고 생각합니다.

고통이 눈물 되어 흘러내릴 때 조용히 어깨를 감싸 안아주고 눈물을 닦아주는 일, 그것이 바로 사랑입니다.

돈보스코 성인의 교육학 안에 중요한 효과적인 도구가 있는데 그것은 친절한 사랑입니다.

친절한 사랑은 이웃에게 자기 자신을 전적으로 개방하고 이웃을 진정한 형제로 받아들이는 복음적 삶의 방식입니다. ▌

성인들, 우리 보다 조금 더 따뜻했던 사람들

모든 성인 대축일
11. 1.
마태오 5,1-12

우리 카톨릭 교회 안에는 많은 성인들이 계시고, 또한 그 후보자들이 줄을 잇고 있다.

놀라운 사실 한 가지는 그 성인 후보자 가운데에 우리들도 포함되어 있다는 것이다. 주님께서는 큰 죄인이고 한없이 나약한 우리에게도 성화에로의 초대장을 보냈다는 것을 잊지 말아야겠다.

우리 그리스도인들은 성인들에게 각별한 감사를 드려야한다. 왜냐하면 그들은 우리에게 하느님께로 나아가는 구체적인 길을 친절히 가르쳐 주신다. 성인들은 삶 자체로 우리에게 아주 좋은 성덕의 이정표가 되어 주시는 것이다.

도서관에서 전기를 읽다가 수많은 성인들을 한 분 한 분 만날 때마다 각별한 기쁨과 감동을 맛볼 수 있다.

크게 느낀 점 한 가지가 그들도 우리와 별반 다를 바 없는 나약한 한 인간이었다는 것이다. 그들도 우리처럼 부족하고 나약하고 미성숙함을 안고 자신과의 기나

긴 투쟁을 이어갔다는 것이다.

 우리와 동떨어진 별세계의 사람이 아니다.
 우리보다 조금 더 긴 호흡을 지녔던 사람, 우리보다
조금 더 넓은 안목으로 세상을 바라봤던 사람들이다.
우리보다 조금 더 겸손했고 우리보다 조금 더 따뜻한
인간미를 지녔던 사람들이다. ▌

청양다락골 순교성지

죽음이 있어 참 다행한 일이다

위령의 날
11. 2.
마태오 11.2-30

위령의 날은 먼저 떠난 이들을 기억하고 추모하며 하느님의 자비를 청하는 날이기도 하지만 사실 아직 이 땅 위에 남아있는 우리들의 날이기도 하다. 먼저 떠난 이들은 남아있는 우리를 향해 무언의 외침을 건넨다.

"오늘은 내 차례요. 내일은 당신의 차례."

 우리 역시 떠날 날이 그리 많이 남지 않았으니, 이왕이면 좀더 충만하게, 좀 더 열정적으로, 좀 더 기뻐하며 이 세상을 살다오라는 먼저 떠난 분들의 강력한 메시지이기도 하다.

 오늘 하루를 돌아보니 마치 불꽃놀이의 불꽃처럼 순식간에 하루가 소진된다. 우리의 마지막 날도 그렇게 순식간에 섬광처럼 다가오고 사라질 것이다. 관건은 순간순간을 하릴없이, 영양가 없이 보낼 것이 아니라 불꽃처럼 활활 타오르게 계획하고 구성해야 한다.

우리에게 남아있는 순간들이 엄청난 것처럼 보이지만 사실 그리 많지 않다. 하느님께서 우리에게 숱한 날들을 선물로 주시면서 바라시는 바가 반드시 있을 것이다. 그것은 행복하게 살다가 당신 품으로 돌아오라는 것이다. ▮

치명자산 순교성지

성인(聖人)이란? 가장 큰 사랑으로
사소한 일상을 정성껏 살아가는 사람

연중 제 32 주일 (평신도 주일)
11. 8.
마태오 25.1–13

존경하는 프란치스코 교황님의 세 번째 권고 "기뻐하고 즐거워하여라."는 교황님께서 전 세계 모든 그리스도인들에게 보내신 성덕(聖德)에로의 초대장입니다.

교황님께서는 성덕과 관련한 제2차 바티칸 공의회의 핵심 정신인 보편적 성화를 다시 한 번 우리에게 강조하셨습니다.

성덕이란 예수 그리스도 삶의 신비들을 경험하는 것입니다.
끊임없이 죽고 그리스도와 함께 새로이 부활하는 것입니다.

주님께서는 세상 안에서 살아가시는 평신도들께 아주 적극적인 초대장을 보내고 계십니다.

성인이 되는 길도 그리 어렵지 않습니다.

각자 몸담고 살아가는 삶의 자리에서, 각자에 주어진 역할에 충실하면서, 각자 고유한 방법으로 성덕의 길을 걸어가시는 것입니다. ▌

한티 순교성지

✝

하늘나라는 편안한 안락의자에 앉아,
나른한 꿈이나 공상을 통해서 절대로
획득할 수 없습니다

연중 제 33 주일
11. 15.
마태오 25,14-30

하느님께서 우리를 이 세상에 부르실 때는 각자에게 고유한 선물을 안겨 주시며 부르셨다.

각자의 처지나 능력을 고려하여 쓸모없는 인간은 만드시지 않는다.
하루종일 그저 뒹굴뒹굴 티비 리모컨만 손에 꼭 쥐고 영양가 없는 시간을 보내는 날이 있다.

시험 답안에 엉뚱한 답만 잔뜩 늘어놓은 듯한 허탈하고 의미 없는 하루를 보낸 날도 있다.

하느님 마음에 드는 하루는 과연 어떤 모습의 삶일까 생각해보자.
그리 많이 남지 않은 시간을 하늘나라를 위해 어떻게 하면 창의적이고 효과적으로 사용할 수 있을까, 고민해야겠다.

잠에서 과감히 깨어나야 한다.

적극적으로 움직여야 한다.

 매일 우리 각자에게 주어지는 시간과 기회, 재능과 에너지를 활용해서 적극적으로 헌신하고 봉사한다면 우리 앞에 하늘나라의 문이 열릴 것이다. ▌

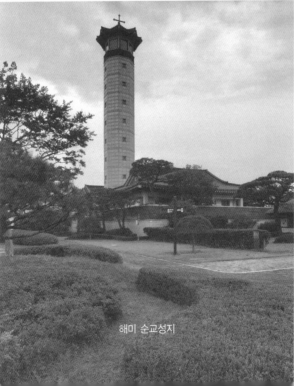

해미 순교성지

✝

작고 가난한 사람들에 대한 거부와 배척은
곧 만왕의 왕이신 예수님에 대한
거부와 배척이다

예수 그리스도왕 대축일
11. 22.
마태오 25,31-46

종말과 최후의 심판에 대한 예수님의 훈화 말씀은 양과 염소의 비유를 통해 마무리된다.
예수님의 말씀은 무척이나 강경하고 단호하다.

마지막 날에 전혀 다른 두 부류의 동물인 양과 염소를 갈라놓듯이, 모든 사람을 갈라놓으시겠다고 하셨다.

예수님 말씀이 꽤나 섬뜩하게 들리지만, 결코 협박의 말씀이 아니다.
오히려 당신의 양 떼를 향한 사랑과 연민이 가득 담긴 격려의 말씀이다.

사람의 아들이 영광에 싸여 모든 천사와 함께 오면, 자기의 영광스러운 옥좌에 앉을 것이다.

이 땅에 강생하신 메시아께서 최초로 보여주신 모습은 아주 작은 아기의 모습이었다.

마지막 날 그분께서는 위엄과 영광으로 가득한 만왕의 왕의 모습으로 당신 왕좌에 좌정하실 것이다.

　커다란 쇠뭉치가 달린 긴 지팡이로 목자께서는 세상 모든 사람들을 양과 염소를 갈라놓듯이 두 편으로 갈라 세우실 것이다. █

명례 순교성지

대림 시기에 우리도 주님을
간절히 기다리지만 주님께서는 더 간절히
우리를 기다리십니다

대림 제 1 주일
11. 29.
마르코 13.33-37

유달리 힘겹고 답답했던 한 해가 저물고 우리는 또다시 대림 시기의 출발점에 서 있다.

 대림 시기 동안 성경 말씀을 통해 지속적으로 강조될 회개와 보속에로의 초대 말씀에 귀를 기울여야 할 것이다.

 그러나 이 대림 시기에 더 강조되어야 할 측면이 있다.
 하느님께서 우리 인간을 너무 사랑하셔서 우리와 똑같은 모습으로 강생하신 놀라운 사건 앞에 경탄하고 기뻐하는 노력이 중요하다.

 아기 예수님의 성탄이라는 은혜로운 대축제를 설레는 마음으로 준비하는 시기가 곧 대림 시기인 것이다. ▐

그분께서 성령으로 세례를 주실 것이다

대림 제 2 주일
12. 6.
마르코 1,1-8

너희는 주님의 길을 닦아라.
우리는 새 하늘과 새 땅을 기다리고 있다.

너희는 주님의 길을 곧게 내어라.
내가 네 앞에 내 사자를 보내니
그가 너의 길을 닦아 놓으리라.

광야에서 외치는 이의 소리
너희는 주님의 길을 마련하여라.

기록된 대로 세례자 요한이 광야에 나타나
죄의 용서를 위한 회개의 세례를 선포하였다. ⫶

은총이 가득한 이여, 기뻐하여라.
주님께서 너와 함께 계시다

한국 교회의 수호자 원죄 없이 잉태되신 복되신 동정 마리아 대축일
12. 8.
루카 1.26-28

하느님께서 가브리엘 천사를 갈릴레아 지방 나자렛이라는 고을로 보내시어 다윗 집안의 요셉이라는 사람과 약혼한 처녀를 찾아가게 하셨다.

그 처녀의 이름은 마리아였다.

천사가 마리아 집으로 들어가 말하였다.

"은총이 가득한 이여, 기뻐 하여라. 주님께서 너와 함께 계시다."

이 말에 마리아는 몹시 놀랐다. 그리고 이 인사말이 무슨 뜻인가하고 곰곰이 생각하였다.

천사가 다시 마리아에게 말하였다. 두려워하지 마라.

마리아야, 너는 하느님의 총애를 받았다.

보라!

이제 네가 잉태하여 아들을 낳을 터이니 그 이름을 예수라고 하여라. ▮

내 영혼이 하느님 안에서 기뻐한다

자선 주일
12. 13.
요한 1.6-8 / 19-28

나는 주님 안에서 크게 기뻐하리라.
신랑이 관을 쓰듯, 신부가 패물로 단장하듯

땅에 새순이 돋아나게 하고 정원에 싹을 솟아나게 하듯
주님께서 재림하실 때까지 하느님께서
여러분의 영과 혼과 몸을 지켜 주기를 바란다.

 너희 가운데에는 너희가 모르는 분이 서 계신다.
나는 물로 세례를 준다.

너희 가운데에는 너희가 모르는 분이 서 계신다.
내 뒤에 오시는 분이신데

나는 그분의 신발 끈을 풀어 드리기에도
합당하지 않다. ✝

태어날 아기는 거룩하신 분이다

대림 제 4 주일
12. 20.
루카 1.26-38

다윗의 나라는 주님 앞에서 영원할 것이다.
오랜 세월 감추어 뒀던 신비가
이제야 알려지게 되었다.

보라!
이제 네가 잉태하여 아들을 낳을 것이다.
가브리엘 천사를 갈릴레아 지방
나자렛이라는 고을로 보내시어

다윗 집안의 요셉이라는 사람과 약혼한
처녀를 찾아가게 하였다.
그 처녀의 이름은 마리아였다.

은총이 가득한 이여, 기뻐하여라.
주님께서 너와 함께 계시다.

태어날 아기는 거룩하신 분
하느님의 아들이라 불릴 것이다. ▌

오늘 너희를 위하여 구원자가 태어나셨다

주님 성탄대축일성야
12. 24.
루카 2,1-14

아우구스투스 황제에게서 칙령이 내려 온세상이 호적
등록을 하게 되었다. 호적 등록을 하러 저마다 자기 본
향으로 갔다.

요셉도 갈릴레아 지방 나자렛 고을을 떠나 유다 지방,
베들레헴이라고 불리는 다윗 고을에 올라갔다. 다윗
집안의 자손이었기 때문이다.

그는 자기와 약혼한 마리아와 함께 호적 등록을 하러
갔는데 마리아는 임신 중이었다. 그들이 거기 머무는
동안 마리아는 해산날이 되어 첫아들을 낳았다. 그들
은 아기를 포대기에 싸서 구유에 뉘였다. 여관에는 그
들이 들어갈 자리가 없었던 것이다.

그 고장에는 들에 살면서 밤에는 양 떼를 지키는 목자
들이 있었다. 주님의 천사가 다가오고 주님의 영광이
그 목자들의 둘레를 비추었다. 그들은 몹시 두려워하
였다. 그러자 천사가 그들에게 말하였다. 두려워하지
마라. 보라, 나는 온 백성에게 큰 기쁨이 될 소식을 너

희에게 전한다.

　오늘 너희를 위하여 다윗 고을에서 구원자가 태어나셨으니 주그리스도이시다. 그때에 갑자기 그 천사 곁에 수많은 하늘의 군대가 나타나 하느님을 이렇게 찬미하였다.
　"지극히 높은 곳에서는 하느님께 영광, 땅에서는 그분 마음에 드는 사람들에게 평화!" ✝

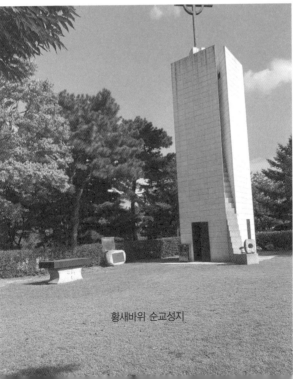

황새바위 순교성지

그분의 영광을 보았다

주님 성탄 대축일
12. 25.
요한 1.1-18

땅 끝들이 모두 우리 하느님의 구원을 보리라.
얼마나 아름다운가?
산 위에 서서 기쁜 소식을 전하는 이의 저 발!

 평화를 선포하고 기쁜 소식을 전하며 구원을 선포하
는구나.
 너의 하느님은 임금이시다.

하느님께서 아드님을 통하여 우리에게 말씀하신다.
말씀이 사람이 되시어 우리 가운데 사셨다.

모든 사람을 비추는 참 빛이 세상에 왔다.
우리는 그분의 영광을 보았다.

은총과 진리가 충만하신 아버지의
외아드님으로서 지니신
영광을 보았다. ▐

서로 용서하여라

주님을 경외하는 이는 아버지를 공경한다.
주님과 함께하는 가정생활

누가 누구에게 불평할 일이 있더라도
서로 참아 주고 서로 용서해라.

사랑은 완전하게 묶어주는 끈이다.
그리스도의 평화가 여러분의 마음을 다스리신다.

주님께서 여러분을 용서하신 것처럼
여러분도 서로 용서하라.

아기는 자라면서 튼튼해지고
지혜가 충만해졌으며
하느님의 총애를 받았다.

묵상 시집
사랑은×곱하기

2022년 2월 23일 초판1쇄 발행 지은이 **이규석** 펴낸이 **김성민** 편집디자인 **김경자**

펴낸곳 **도서출판 브로콜리숲** 출판등록 제2020-000004호
주소 **41743 대구광역시 서구 북비산로 65길 36, 2층** 전화 **010-2505-6996** 팩스 **053-581-6997**
홈페이지 **www.broccoliwood.com** 인스타그램 **broccoliwood_** 전자우편 **gwangin@hanmail.net**
ⓒ이규석 2022 ISBN 979-11-89847-35-7 03200